INGLÉS
un mapa del lenguaje®

¡NUEVO!

Contenidos

- **Conociendo Gente**
- **Preguntas Comunes**
- **Dinero**
- **Números**
- **Internet y Correo**
- **Teléfonos**
- **Saliendo a Comer**
- **Tiempo**
- **Calendario**
- **Las Compras**
- **Emergencias**
- **Paseando**
- **Transportación**
- **Hoteles**

Consejo sobre la pronunciación: Pronuncie las fonéticas así como se escriben.

Letra	Sonido	
j	J	como en "jeep" – New Jersey (nu)(Jer-zi)
d	D	como en "día" – Denver (Den-ver)
i	I	sonido muy corto – Bismarck (bIz-mark)
th	d	como en "cada" – Duluth (da-lud)

Conociendo Gente

buenos días	good morning	(guD)(mor-nIng)
buenas tardes	good afternoon / good day	(guD)(eaf-ter-nun) / (guD)(Dei)
buenas noches	good evening / good night	(guD)(iv-nIng) / (guD)(nait)
hola	hello	(jel-o)
por favor	please	(pliz)
gracias	thank you	(deank)(yu)
de nada	you're welcome	(yor)(uel-kam)
perdóneme	excuse me	(eks-kiuz)(mi)
lo siento	I'm sorry.	(aim)(sar-i)
sí	yes	(yes)
no	no	(no)
hombre	male / man	(meil) / (mean)
mujer	female / woman	(fi-meil) / (wum-an)
señor	Mr.	(mIs-ter)
señora	Mrs.	(mIs-Iz)
señorita	Miss	(mIs)
Me llamo . . .	My name is . . .	(mai)(neim)(Iz)
¿Cómo se llama?	What is your name?	(uat)(Iz)(yor)(neim)
¿Cómo estás?	How are you?	(jau)(ar)(yu)
bien, gracias	well, thank you	(uel)(deank)(yu)
¿De dónde es usted?	Where are you from?	(uer)(ar)(yu)(fram)
Soy de . . .	I'm from . . .	(aim)(fram)
los Estados Unidos.	the U.S.A.	(di)(yu-s-ei)
España.	Spain.	(spein)
México.	Mexico.	(mek-sI-ko)
Argentina.	Argentina.	(ar-gen-ti-na)
Soy . . .	I am . . .	(ai)(eam)
español.	Spanish.	(spean-Ish)
mexicano.	Mexican.	(mek-sI-ken)
mexicana.	Mexican.	(mek-sI-ken)
¿Habla inglés?	Do you speak English?	(Du)(yu)(spik)(Ing-lIsh)
¿Habla español?	Do you speak Spanish?	(Du)(yu)(spik)(spean-Ish)
Entiendo.	I understand.	(ai)(an-Der-steanD)
No entiendo.	I do not understand.	(ai)(Du)(nat)(an-Der-steanD)
Repita, por favor.	Please repeat.	(pliz)(ri-pit)
adiós	goodbye	(guD-bai)

Preguntas Comunes

quién	who	(ju)
¿Quien es?	Who is it?	(ju)(Iz)(It)
¿Quien es ese?	Who is that?	(ju)(Iz)(deat)
qué	what	(uat)
¿Qué es eso?	What is that?	(uat)(Iz)(deat)
cómo	how	(jau)
cuánto	how much	(jau)(mach)
¿Cuánto cuesta?	How much does that cost?	(jau)(mach)(Daz) (deat)(kast)
por qué	why	(uai)
cuándo	when	(uen)
dónde	where	(uer)
¿Dónde está . . . ?	Where is . . . ?	(uer)(Iz)

Dinero

¿Dónde está . . .	Where is . . .	(uer)(Iz)
un banco?	a bank?	(ei)(beank)
un cajero automático	an ATM?	(ean)(ei-ti-em)
¿Cuál es el cambio?	What is the exchange rate?	(uat)(Iz)(di) (eks-cheinJ)(reit)
por dólares	for dollars	(for)(dol-erz)
por euros	for euros	(for)(yur-oz)

N

Números

cero	zero	(zIr-o)
uno	one	(uan)
dos	two	(tu)
tres	three	(dri)
cuatro	four	(for)
cinco	five	(faiv)
seis	six	(sIks)
siete	seven	(se-ven)
ocho	eight	(eit)
nueve	nine	(nain)
diez	ten	(ten)
11	eleven	(I-len-en)
12	twelve	(twelv)
13	thirteen	(dur-tin)
14	fourteen	(for-tin)
15	fifteen	(fIf-tin)
16	sixteen	(sIks-tin)
17	seventeen	(se-ven-tin)
18	eighteen	(ei-tin)
19	nineteen	(nain-tin)
20	twenty	(twen-ti)
30	thirty	(dur-ti)
40	forty	(for-ti)
50	fifty	(fIf-ti)
60	sixty	(sIks-ti)
70	seventy	(se-ven-ti)
80	eighty	(ei-ti)
90	ninety	(nain-ti)
100	one hundred	(uan)(jan-DreD)
500	five hundred	(faiv)(jan-DreD)
1,000	one thousand	(uan)(dau-zenD)

Correo, Internet y Teléfonos

¿Dónde está . . .	Where is . . .	(uer)(Iz)
una oficina de correos?	a post office?	(ei)(post)(af-Is)
un buzón?	a mailbox?	(ei)(meil-baks)
una carta	a letter	(ei)(let-er)
una tarjeta postal	a postcard	(ei)(post-karD)
un paquete	a package	(ei)(peak-IJ)
un sello / timbre	a stamp	(ei)(steamp)
¿Cuánto cuesta	How much does	(jau)(mach)(Daz)
un sello?	a stamp cost?	(ei)(steamp)(kast)
correo avión	by airmail	(bai)(er-meil)
a España	to Spain	(tu)(spein)
a México	to Mexico	(tu)(mek-sI-ko)
a Chile	to Chile	(tu)(chI-li)
Quisiera	I would like	(ai)(wuD)(laik)
comprar . . .	to buy . . .	(tu)(bai)
mandar . . .	to send . . .	(tu)(senD)
llamar . . .	to call . . .	(tu)(kal)
hablar con . . .	to speak with . . .	(tu)(spik)(uid)
el teléfono	the telephone	(di)(tel-e-fon)
el celu	the cell phone	(di)(sel)(fon)
la tarjeta telefónica	the phonecard	(di)(fon-karD)
la tarjeta SIM	the SIM card	(di)(sIm)(karD)
el mensaje de texto	the text message	(di)(tekst)(mes-sIJ)
el ordenador	the computer	(di)(kam-pu-ter)
la notebook / laptop	the laptop	(di)(leap-tap)
la tableta	the tablet	(di)(teab-let)
el email	the email	(di)(I-meil)
el fax	the fax	(di)(feaks)
el inicio de sesión	the login	(di)(lag-In)
la contraseña	the password	(di)(peas-uorD)
el usuario	the username	(di)(yu-zer-neim)

Saliendo a Comer

(brek-fest)
breakfast
desayuno

(lanch)
lunch
almuerzo

(DIn-er)
dinner
cena / comida

¿Dónde hay . . .	Where is . . .	(uer)(Iz)
un restaurante?	a restaurant?	(ei)(res-ta-rant)
una cafetería?	a cafeteria?	(ei)(keaf-e-tIr-i-a)
un café?	a café?	(ei)(kea-fei)
un restaurante con sándwiches?	a sandwich shop?	(ei)(seanD-uich)(shap)
Quisiera hacer	I would like to make	(ai)(wuD)(laik)(tu)(meik)
una reservación.	a reservation.	(ei)(rez-er-vai-shen)
Tengo una reservación.	I have a reservation.	(ai)(jeav)(ei)(rez-er-vai-shen)
Quisiera pedir . . .	I would like to order . . .	(ai)(wuD)(laik)(tu) (or-Der)
aperitivo	appetizers	(eap-a-tai-zer)
huevos	eggs	(egz)
legumbres	vegetables	(veJ-ta-bolz)
sopa	soup	(sup)
una ensalada	a salad	(ei)(seal-eD)
pescado	fish	(fIsh)
carne	meat	(mit)
aves	poultry	(pol-tri)
postre	dessert	(Di-zert)
bebidas	beverages	(bev-rI-Jez)
un cuchillo	a knife	(ei)(naiv)
un tenedor	a fork	(ei)(fork)
una cuchara	a spoon	(ei)(spun)
un camarero	a waiter	(ei)(uei-ter)
una camarera	a waitress	(ei)(uei-tres)
el menú	the menu	(di)(men-yu)
la cuenta	the bill	(di)(bIl)
la propina	the tip	(di)(tIp)

ISBN 978-0-944502-14-3　$9.95 U.S.
50995
Bilingual Books　BilingualBooks1　BilingualBooks
www.bbks.com
9 780944 502143

Para obtener resultados mayores de su *"mapa del lenguaje®"*, considere comprarse una copia de **INGLÉS** *en 10 minutos al día®*.

Tiempo

¿Qué hora es?	**What time is it?**	*(uat)(taim)(Iz)(It)*
Son . . .	**It is . . .**	*(It)(Iz)*
las tres	**three o'clock**	*(dri)(o-klak)*
las cuatro	**four o'clock**	*(for)(o-klak)*
temprano	**early**	*(er-li)*
tarde	**late**	*(leit)*
el minuto	**the minute**	*(di)(mIn-It)*
la hora	**the hour**	*(di)(aur)*
el día	**the day**	*(di)(Dei)*
la semana	**the week**	*(di)(uik)*
el mes	**the month**	*(di)(mand)*
el año	**the year**	*(di)(yIr)*

Calendario

¿Cuándo?	**When?**	*(uen)*
domingo	**Sunday**	*(san-Dei)*
lunes	**Monday**	*(man-Dei)*
martes	**Tuesday**	*(tuz-Dei)*
miércoles	**Wednesday**	*(uenz-Dei)*
jueves	**Thursday**	*(durz-Dei)*
viernes	**Friday**	*(frai-Dei)*
sábado	**Saturday**	*(sea-ter-Dei)*
hoy	**today**	*(tu-Dei)*
ayer	**yesterday**	*(yes-ter-Dei)*
mañana	**tomorrow**	*(tu-mar-o)*
la mañana	**morning**	*(mor-nIng)*
la tarde	**afternoon**	*(eaf-ter-nun)*
la noche	**evening/night**	*(iv-nIng)/(nait)*
enero	**January**	*(Jean-yu-er-i)*
febrero	**February**	*(feb-ru-er-i)*
marzo	**March**	*(march)*
abril	**April**	*(ei-prIl)*
mayo	**May**	*(mei)*
junio	**June**	*(Jun)*
julio	**July**	*(Ju-lai)*
agosto	**August**	*(a-gest)*
septiembre	**September**	*(sep-tem-ber)*
octubre	**October**	*(ak-to-ber)*
noviembre	**November**	*(no-vem-ber)*
diciembre	**December**	*(De-sem-ber)*

(aim)(jan-gri)
I'm hungry!
Tengo hambre.

(aim)(ders-ti)
I'm thirsty!
Tengo sed.

(en-joi)(yor)(mil)
Enjoy your meal!
¡Buen provecho!

Las Compras

¿Dónde hay . . .	**Where is . . .**	*(uer)(Iz)*
una tienda grande?	**a department store?**	*(ei)(Di-part-ment)(stor)*
una lavandería?	**a laundromat?**	*(ei)(lan-Dro-meat)*
una farmacia?	**a pharmacy / drugstore?**	*(ei)(far-ma-si) / (Drag-stor)*
un supermercado?	**a supermarket?**	*(ei)(su-per-mar-ket)*
un quiosco de periódicos?	**a newsstand?**	*(ei)(nuz-steanD)*
una panadería?	**a bakery?**	*(ei)(bei-kri)*
una agencia de viajes?	**a travel agency?**	*(ei)(treav-ol)(ei-Jen-si)*
una tienda de abarrotes?	**a grocery store?**	*(ei)(gro-se-ri)(stor)*
Necesito . . .	**I need . . .**	*(ai)(niD)*
¿Tiene usted . . . ?	**Do you have . . . ?**	*(Du)(yu)(jeav)*
¿Cuánto cuesta?	**How much is it?**	*(jau)(mach)(Iz)(It)*
demasiado caro	**too expensive**	*(tu)(eks-pen-sIv)*
Me lo compro.	**I'll take it.**	*(ail)(teik)(It)*
¿Aceptan tarjetas de crédito?	**Do you take credit cards?**	*(Du)(yu)(teik) (kre-DIt)(karDz)*
efectivo solamente	**cash only**	*(keash)(on-li)*
Quisiera comprar . . .	**I would like to buy . . .**	*(ai)(wuD)(laik)(tu)(bai)*
tarjetas postales	**postcards**	*(post-karDz)*
recuerdos	**souvenirs**	*(su-ve-nIrz)*
calcetines	**socks**	*(saks)*
desodorante	**deodorant**	*(Di-o-Der-ent)*
queso	**cheese**	*(chiz)*
vino	**wine**	*(uain)*
pasta dentífrica	**toothpaste**	*(tud-peist)*
regalos	**presents**	*(prez-entz)*
champú	**shampoo**	*(sham-pu)*
una botella de	**a bottle of**	*(ei)(ba-tol)(av)*
una libra de	**a pound of**	*(ei)(paunD)(av)*

Emergencias

¿Dónde están los servicios?	**Where are the restrooms?**	*(uer)(ar)(di) (rest-rumz)*
no entrar / pasar	**do not enter**	*(Du)(nat)(en-ter)*
Estoy perdido.	**I'm lost.**	*(aim)(last)*
Se me perdió mi . . .	**I lost my . . .**	*(ai)(last)(mai)*
pasaporte	**passport**	*(peas-port)*
billete / boleto	**ticket**	*(tIk-et)*
billetera	**wallet**	*(wal-et)*
bolsa	**handbag**	*(jeanD-beig)*
Por favor, llame a . . .	**Please call . . .**	*(pliz)(kal)*
un médico	**a doctor**	*(ei)(Dak-tur)*
una ambulancia	**an ambulance**	*(ean)(eam-biu-lens)*
Estoy enfermo.	**I'm sick.**	*(aim)(sIk)*
Soy alérgico a . . .	**I am allergic to . . .**	*(ai)(eam)(a-ler-JIk)(tu)*
Tengo dolor.	**I'm in pain.**	*(aim)(In)(pein)*
la farmacia	**the pharmacy**	*(di)(far-ma-si)*
la prescripción	**the prescription**	*(di)(pri-skrIp-shen)*

(po-lis)
police
policía

(Dak-tur)
doctor
doctor/médico

(jas-pI-tal)
hospital
hospital

(go)(a-uei)
Go away!
¡Váyase!

(jelp)
Help!
¡Socorro!

Paseando

¿Dónde está . . .	**Where is . . .**	*(uer)(Iz)*
el museo?	**the museum?**	*(di)(miu-zi-em)*
el centro?	**the city center?**	*(di)(sI-ti)(sen-ter)*
la catedral?	**the cathedral?**	*(di)(ka-di-Dral)*
la oficina de turismo?	**the tourist office?**	*(di)(tur-Ist)(af-Is)*
el autobús?	**the tour bus?**	*(di)(tur)(bas)*
¿Cuánto cuesta un billete?	**How much does a ticket cost?**	*(jau)(mach)(Daz) (ei)(tIk-et)(kast)*
el arte	**art**	*(art)*
la música	**music**	*(miu-zIk)*
el ballet	**ballet**	*(beal-ei)*
la ópera	**opera**	*(ap-ra)*
la orquesta sinfónica	**symphony**	*(sIm-fo-ni)*
el concierto	**concert**	*(kan-sert)*
moderno	**modern**	*(maD-ern)*
vieja	**old**	*(olD)*
bueno	**good**	*(guD)*
malo	**bad**	*(beaD)*
abierto	**open**	*(o-pen)*
cerrado	**closed**	*(klozD)*
izquierda	**left**	*(left)*
derecha	**right**	*(rait)*
aquí	**here**	*(jIr)*

Transportación

el mapa	**the map**	*(di)(meap)*
el automóvil / carro / coche	**the car**	*(di)(kar)*
la bicicleta	**the bicycle**	*(di)(bai-sa-kol)*
la motocicleta	**the motorcycle**	*(di)(mo-tor-sai-kol)*
el tren	**the train**	*(di)(trein)*
la estación de tren	**the train station**	*(di)(trein)(stei-shen)*
el avión	**the plane**	*(di)(plein)*
el aeropuerto	**the airport**	*(di)(er-port)*
¿Dónde está . . .	**Where is . . .**	*(uer)(Iz)*
la parada de buses?	**the bus stop?**	*(di)(bas)(stap)*
el estación del metro?	**the subway stop?**	*(di)(sab-uei)(stei-shen)*
el boleto	**the ticket**	*(di)(tIk-et)*
de ida / un viaje	**one-way**	*(uan-uei)*
ida y vuelta	**round trip**	*(raunD)(trIp)*
la llegada	**arrival**	*(a-rai-vol)*
la salida / partida	**departure**	*(Di-par-chur)*
la gasolinera	**the gas station**	*(di)(geas)(stei-shen)*
¿Cuánto cuesta un boleto a . . . ?	**How much is a ticket to . . . ?**	*(jau)(mach)(Iz) (ei)(tIk-et)(tu)*
¿Dónde debo bajarme?	**Where do I get off?**	*(uer)(Du)(ai)(gIt)(af)*
Pare aquí, por favor.	**Stop here, please!**	*(stap)(jIr)(pliz)*

(di) (bas)
the bus
el autobús

(di) (teak-si)
the taxi
el taxi

(di) (sab-uei)
the subway
el metro

(jeav) (fan)
Have fun!
¡Diviértase!

(jeav) (ei) (guD) (trIp)
Have a good trip!
¡Buen viaje!

Hoteles

¿Dónde está . . .	**Where is . . .**	*(uer)(Iz)*
un hotel?	**a hotel?**	*(ei)(jo-tel)*
una pensión?	**a small hotel?**	*(ei)(smal)(jo-tel)*
el albergue?	**the youth hostel?**	*(di)(yud)(jaus-tel)*
la casa?	**the house?**	*(di)(jaus)*
vacancias	**vacancy**	*(vei-ken-si)*
no hay vacancias	**no vacancy**	*(no)(vei-ken-si)*
caro	**expensive**	*(eks-pen-sIv)*
barato	**inexpensive**	*(In-eks-pen-sIv)*
una llave	**a key**	*(ei)(ki)*
una cama	**a bed**	*(ei)(beD)*
una almohada	**a pillow**	*(ei)(pIl-o)*
una manta / frazada	**a blanket**	*(ei)(bleing-kIt)*
una toalla	**a towel**	*(ei)(tau-el)*
Quisiera una . . .	**I would like a . . .**	*(ai)(wuD)(laik)(ei)*
habitación sencilla	**single room**	*(sIng-ol)(rum)*
habitación doble	**double room**	*(Dab-ol)(rum)*
habitación tranquila	**quiet room**	*(kuai-et)(rum)*
con baño	**with a bath**	*(uid)(ei)(bead)*
con una ducha	**with a shower**	*(uid)(ei)(shau-er)*
para una noche	**for one night**	*(for)(uan)(nait)*
para dos noches	**for two nights**	*(for)(tu)(naits)*
para esta noche	**for tonight**	*(for)(tu-nait)*
Tengo una reservación.	**I have a reservation.**	*(ai)(jeav)(ei)(rez-er-vei-shen)*
No tengo una reservación.	**I do not have a reservation.**	*(ai)(Du)(nat)(jeav)(ei) (rez-er-vei-shen)*
¿Cuánto cuesta la habitación?	**How much does the room cost?**	*(jau)(mach)(Daz) (di)(rum)(kast)*
¿Se incluye el desayuno?	**Is breakfast included?**	*(Iz)(brek-fest) (In-klu-DID)*
Estoy en la habitación número . . .	**I'm in room number . . .**	*(aim)(In)(rum) (nam-ber)*
¡Que duerma bien!	**Sleep well!**	*(slip)(uel)*

Las series de ***"mapas del lenguaje®"*** y ***"10 minutos al día®"*** por Kristine K. Kershul se pueden obtener por su tienda de libros local o por la compañía misma:

Bilingual Books, Inc.
1719 West Nickerson Street, Seattle, WA 98119 USA
(800) 488-5068 or (206) 284-4211 • FAX (206) 284-3660
info@bbks.com • www.bbks.com